BEI GRIN MACHT SICH IHR WISSEN BEZAHLT

- Wir veröffentlichen Ihre Hausarbeit,
  Bachelor- und Masterarbeit

- Ihr eigenes eBook und Buch -
  weltweit in allen wichtigen Shops

- Verdienen Sie an jedem Verkauf

Jetzt bei www.GRIN.com hochladen und kostenlos publizieren

Bibliografische Information der Deutschen Nationalbibliothek:

Die Deutsche Bibliothek verzeichnet diese Publikation in der Deutschen National-
bibliografie; detaillierte bibliografische Daten sind im Internet über http://dnb.d-
nb.de/ abrufbar.

Dieses Werk sowie alle darin enthaltenen einzelnen Beiträge und Abbildungen
sind urheberrechtlich geschützt. Jede Verwertung, die nicht ausdrücklich vom
Urheberrechtsschutz zugelassen ist, bedarf der vorherigen Zustimmung des Verla-
ges. Das gilt insbesondere für Vervielfältigungen, Bearbeitungen, Übersetzungen,
Mikroverfilmungen, Auswertungen durch Datenbanken und für die Einspeicherung
und Verarbeitung in elektronische Systeme. Alle Rechte, auch die des auszugsweisen
Nachdrucks, der fotomechanischen Wiedergabe (einschließlich Mikrokopie) sowie
der Auswertung durch Datenbanken oder ähnliche Einrichtungen, vorbehalten.

Impressum:

Copyright © 2018 GRIN Verlag
Druck und Bindung: Books on Demand GmbH, Norderstedt Germany
ISBN: 9783668932654

Dieses Buch bei GRIN:

https://www.grin.com/document/457611

Julian Schoenemeyer

Auswirkungen der Außenpolitik Donald Trumps auf das internationale Staatensystem

GRIN Verlag

GRIN - Your knowledge has value

Der GRIN Verlag publiziert seit 1998 wissenschaftliche Arbeiten von Studenten, Hochschullehrern und anderen Akademikern als eBook und gedrucktes Buch. Die Verlagswebsite www.grin.com ist die ideale Plattform zur Veröffentlichung von Hausarbeiten, Abschlussarbeiten, wissenschaftlichen Aufsätzen, Dissertationen und Fachbüchern.

Besuchen Sie uns im Internet:

http://www.grin.com/

http://www.facebook.com/grincom

http://www.twitter.com/grin_com

Auswirkungen der Außenpolitik Donald Trumps auf das internationale Staatensystem

Von Julian Schoenemeyer

Inhalt

Abbildungsverzeichnis

A

Auswirkungen der Außenpolitik Donald Trumps auf das internationale Staatensystem

1. Der Rückzug einer Weltmacht

„The American people elected me to make America great again. I promised that my Administration would put the safe-, interests, and well-being of our citizens first. I pledged that we would revitalize the American economy, rebuild our military, defend our borders, protect our sovereignty, and advance our values." (Donald Trump, 2017, National Security Strategy). Dieses Zitat stammt von Donald Trump und ist aus dem National Security Strategy Report vom Dezember 2017 entnommen. Es verdeutlicht den neuen außenpolitischen Kurs der Trump Administration im Vergleich zu seinem Vorgänger, Barack Obama. Daher kann auch von einer Kehrtwende in der amerikanischen Außenpolitik gesprochen werden, nämlich vom Interventionismus hin zum Isolationismus und Protektionismus. Dass ein solch außenpolitischer Wandel einer der mächtigsten Nationen der Welt nicht ohne Auswirkungen auf das internationale Staatensystem bleibt, ist offensichtlich. Daher steht nun die Frage im Raum, welche Auswirkungen die neue Außenpolitik unter der Trump Administration auf die internationale Politik im Einzelnen hat. Um diese Frage zu beantworten, soll im Folgenden die Theorie der englischen Schule zur Anwendung kommen. Hierbei wird vor allem das Buch „Internationale Politik verstehen" – 2. Auflage von Prof. Dr. Stahl verwendet. Anschließend soll dezidiert auf einige spezifische außenpolitische Entscheidungen der USA eingegangen werden, um die Theorie zu exemplifizieren. Hierbei werden Russland, China, aber auch die EU eine wichtige Rolle spielen. Darauffolgend, soll die Hypothese 1 geprüft werden:

H1: Wird die isolationistische Außenpolitik Donald Trumps fortgesetzt, dann verlieren die USA ihre Stellung als Hegemon im internationalen Staatensystem.

Zur Überprüfung soll daher explizit das Pendelmodell der englischen Schule zur Anwendung gebracht werden, um mögliche Veränderungen darin zu erklären. Anschließend ergibt sich daraus die Prüfung der Hypothese 2:

H2: Desto schwächer die Rolle der USA als Hegemon wird, desto stärker ringen China und Russland um diese Stellung.

Die Überprüfung beider Hypothesen ist von deutlicher Relevanz, da der Hegemon innerhalb des Staatensystems eine Vorbildfunktion hat und die Außenpolitik der anderen Staaten dominiert. Zudem kann er Stabilität innerhalb des internationalen Staatensystems gewährleisten und fungiert als eine Art „Weltregierung". Deshalb sind alle Nationen der Welt von einer solchen Veränderung betroffen und daraus ergibt sich auch die Dringlichkeit zur Beantwortung eingangs gestellter Frage. Diese soll zum Abschluss der Arbeit beantwortet werden und daraus eine Prognose abgeleitet werden.

2. Betreibt Donald Trump eine isolationistische Politik?

Um zu beurteilen, ob Donald Trump eine isolationistische Außenpolitik verfolgt, soll an dieser Stelle eine Definition für Isolationismus als Basis bestimmt werden. Im Politik-Lexikon von Holtmann lässt sich folgende Definition feststellen, die im Folgenden als Grundlage herangezogen wird: Isolationismus ist ein „Außenpolitischer Grundsatz freiwilliger Abschließung eines Staates von der internationalen Politik" (Holtmann, 2000: 284). Seit dem 20. Januar 2017 hat Donald Trump außenpolitische Entscheidungen gefällt, die auf einen isolationistischen Kurs der USA im Rahmen seiner „America First" Doktrin hinweisen.

Als eine der ersten Maßnahmen, stiegen die USA am 23. Januar 2017 aus dem transpazifischen Handelsabkommen, kurz TPP, aus. (vgl.Transpazifisches Handelsabkommen", 2018) Der Ausstieg aus einem solchen internationalen Handelsabkommen stellt eindeutig eine isolationistische Maßnahme dar und die USA haben dadurch an Einfluss im pazifischen Raum verloren. Wenige Monate später, am 8. Mai 2018, kündigt Trump das Abkommen mit dem Iran auf und verhängte anschließend Sanktionen gegen das Regime im Iran. (vgl. tagesschau.de, 2018) Dies hatte auch drastische Auswirkungen auf die bisherigen Bündnispartner der USA, wie Deutschland, Frankreich und Großbritannien, die ebenfalls an diesem Abkommen beteiligt waren. Diese Staaten halten allerdings weiterhin an diesem Abkommen fest. Dieser Schritt ist auch klar als isolationistische Maßnahme zu bewerten, da sich Trump durch den Bruch des internationalen Vertrags eindeutig von einer Teilhabe der USA an internationalen politischen Gestaltungsmöglichkeiten ausschließt.

Zudem erfolgte auch noch die Verkündigung über den Austritt der USA aus dem Klimaabkommen von Paris, welches 2015 geschlossen worden ist. (vgl. „Alleingang der Trump-Regierung", 2017) Trump hielt dieses Abkommen schädlich für das Wachstum der amerikanischen Wirtschaft und gehört auch zu der Gruppe von Republikanern, die nicht an den Einfluss des Menschen auf das globale Klima glauben. Damit stellt sich die USA ganz klar gegen international mit großer Mehrheit vereinbarter politischer Ziele und verliert dadurch auch das Vertrauen der Vertragspartner. Anschließend rückte ein weiteres bedeutendes Bündnis in den Fokus von Donald Trump. Im Rahmen seiner Haushaltsdebatte stellte er bisherige Regelungen des wichtigsten Verteidigungsbündnisses der demokratischen Staaten, nämlich der NATO, in Frage. (vgl. Becker, Gebauer, & Müller, 2018) Damit sorgte er für eine massive Krise in der NATO. Hauptkritikpunkt ist, dass die europäischen NATO-Staaten ihr Verteidigungsbudget auf zwei Prozent ihres Bruttoinlandsprodukts erhöhen sollen.

Die isolationistisch geprägten Aktivitäten des US-Präsidenten lassen sich ebenfalls in der protektionistischen Handelspolitik gegenüber der EU und vor allem China feststellen. Die gegen China verhängten Zölle belaufen sich mittlerweile auf ein Volumen von ca. 250 Mrd. USD. (vgl. Vogel, 2018)

Des Weiteren betreibt Donald Trump eine äußerst restriktive Einreise- und Migrationspolitik. Zu sehen war dies bei seinem verhängten Einreiseverbot für Menschen aus vorwiegend muslimischen Ländern, welches der Supreme Court, nach mehrfacher Prüfung, für verfassungskonform erklärte. (vgl. „Oberster Gerichtshof billigt Trumps Einreiseverbot", 2018.) Diese Entscheidung ist auch ganz klar als isolationistische Maßnahme zu sehen, um die USA vorsätzlich vor dem internationalen Terrorismus zu schützen. Außerdem schottet sich Trump zunehmend gegen die Migration aus Mittel- und Südamerika ab. So schickte er tausende Soldaten an die Grenze nach Mexiko, um die illegale Migration zu verhindern und um die Grenzpolizei zu unterstützen. (vgl. „US-Grenze zu Mexiko", 2018) Internationale Kooperation ist hierbei nicht zu erkennen, um das Migrationsproblem zu lösen. Beispielsweise könnte Donald Trump mit Mexiko einen Vertrag machen, welcher die Migration beschränkt und es könnten, ähnlich wie in der Türkei, Auffanglager eingerichtet werden, damit eine kontrollierte Migration möglich ist. Ein solches Lager müssten beide Länder in Kooperation betreiben.

Die folgende Umfrage wurde 2016 in Deutschland durchgeführt und zeigt das Meinungsbild der Befragten dazu, für wie wahrscheinlich sie es halten, dass die verschiedenen Punkte auf der Agenda der Trump Administration umgesetzt werden. (vgl. „Umsetzung der politischen Agenda von Donald Trump 2016 | Umfrage", 2016) Deutlich zu erkennen ist dabei, dass die isolationistischen Maßnahmen, wie Verschärfung der Einreise- und Visabestimmungen, Erhöhung der Importzölle für Waren aus dem Ausland und Bevorzugung von einheimischen Arbeitern neben den anderen Punkten auf der Agenda relativ hoch bewertet wurden. Und die meisten dieser Punkte sind bereits umgesetzt bzw. teilweise ausgeführt, wie die vorher genannten Beispiele ebenfalls gezeigt haben. Auch in der öffentlichen Meinung, wie man in

Abbildung 1 sehen kann, halten viele der Befragten Deutschen Donald Trump für einen Politiker, der seine isolationistische Agenda umsetzen wird.

Daher kann abschließend zu diesem Kapitel die Frage, ob Trump eine isolationistische Politik betreibt zustimmend mit ja beantwortet werden, obwohl nicht alle seiner außenpolitischen Entscheidungen dieser Natur sind. Die Hauptströmung seiner Politik ist Isolationismus, da er sich, gemäß der eingangs zitierten Definition, freiwillig von der internationalen Politik abschließt.

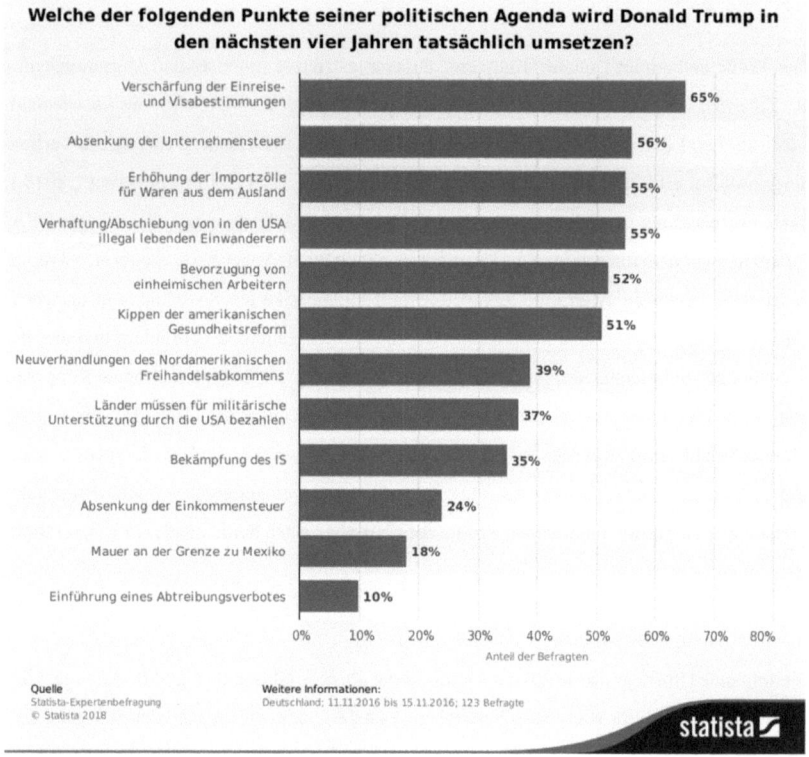

Welche der folgenden Punkte seiner politischen Agenda wird Donald Trump in den nächsten vier Jahren tatsächlich umsetzen?

Verschärfung der Einreise- und Visabestimmungen	65%
Absenkung der Unternehmensteuer	56%
Erhöhung der Importzölle für Waren aus dem Ausland	55%
Verhaftung/Abschiebung von in den USA illegal lebenden Einwanderern	55%
Bevorzugung von einheimischen Arbeitern	52%
Kippen der amerikanischen Gesundheitsreform	51%
Neuverhandlungen des Nordamerikanischen Freihandelsabkommens	39%
Länder müssen für militärische Unterstützung durch die USA bezahlen	37%
Bekämpfung des IS	35%
Absenkung der Einkommensteuer	24%
Mauer an der Grenze zu Mexiko	18%
Einführung eines Abtreibungsverbotes	10%

0%   10%   20%   30%   40%   50%   60%   70%   80%
Anteil der Befragten

Quelle
Statista-Expertenbefragung
© Statista 2018

Weitere Informationen:
Deutschland: 11.11.2016 bis 15.11.2016; 123 Befragte

statista

Abbildung 1: Meinungsumfrage 2016 zur Umsetzung der politischen Agenda Trumps

Quelle: Statista: 2016

2.1 Interpretation durch die Theorie der Englischen Schule

Bevor eine Interpretation des Sachverhaltes erfolgen kann, muss zunächst geklärt werden, wie die Theorie der Englischen Schule aufgebaut ist. Ein guter Überblick findet sich im Buch „Internationale Politik verstehen" von Prof. Dr. Stahl. Die Grundlage dieser Theorie bildet das Regieren durch Diplomatie, aufgebaut auf dem Repräsentationsprinzip. (vgl. Stahl, 2017: 39) Das heißt, dass ein Diplomat den Staat repräsentiert und im Auftrag dessen handelt. Diplomatie dient laut Prof. Stahl „[...] vor allem dem Zweck der Interessensdurchsetzung gegenüber anderen Völkerrechtssubjekten durch Kommunikationsprozesse." (Stahl, 2017: 40) Nach Professor Stahl handelt es sich bei der Englischen Schule um eine sehr umfangreiche und vielseitig anwendbare Theorie, da sie alle Theorieschulen miteinander kombiniert. (vgl. Stahl, 2017: 42) Ihr liegt die sogenannte „International Society" zugrunde, die aus den verschiedenen Einzelstaaten besteht. Dabei kann davon ausgegangen werden, dass sich die Staaten gegenseitig als Souverän anerkennen und sich an Normen halten. (vgl. Bull, 1977) Grundlegend für den Handlungsspielraum eines Staates ist dabei der Zustand in der „International Society", die durch das sogenannte Pendelmodell dargestellt werden kann.

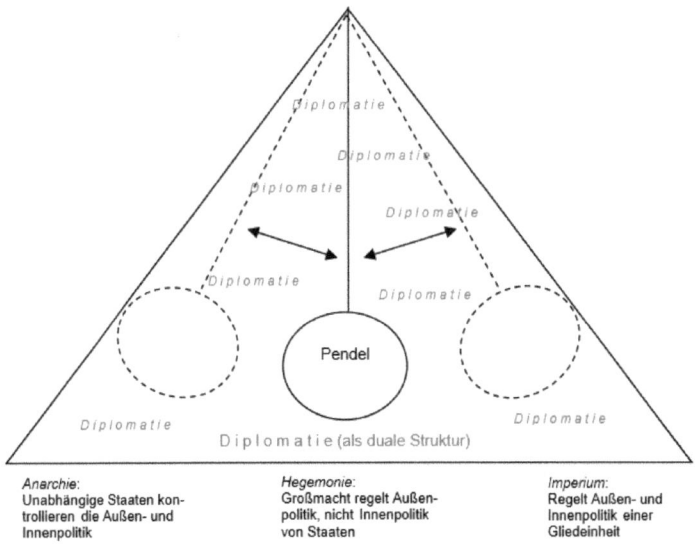

Abbildung 2: Pendelmodell mit den idealtypischen Zuständen

Quelle: Stahl 2017: 44

6

Die Stellung der Staaten kann sich in einem von drei idealtypischen Zuständen befinden und der historische Hintergrund der internationalen Gemeinschaft spielt dabei eine bedeutende Rolle. Der erste idealtypische Zustand ist die Anarchie. In ihr sind die einzelnen Staaten keiner Hierarchie unterworfen und treffen unabhängig voneinander Entscheidungen über ihre Außenpolitik. Zudem verfolgen sie autonom ihre nationalen Interessen. Jedoch sind diese Staaten in der Lage, untereinander durch Diplomatie miteinander Verträge auszuhandeln, um gegenseitiges Vertrauen zu schaffen. (vgl. Stahl, 2017: 43) Dabei ist konstituierend, dass die einzelnen Staaten immer nach einem Gleichgewicht der Mächte streben, um ihre Autonomie zu bewahren. (vgl. Lemke, 2018: 25)

Der zweite idealtypische Zustand kann mit dem Begriff der Hegemonie erfasst werden. Dabei ist vor allem charakteristisch, dass ein Staat sich zum Führer oder Wegweiser von anderen Staaten macht. Somit erlangt er durch Anwendung von Gewalt oder aber auch durch die Setzung von Belohnungen die Oberherrschaft im internationalen Staatensystem. (vgl. Stahl, 2017: 43)Die Staaten sind daher nun nicht mehr autonom in ihrer Außenpolitik und orientieren sich dabei am Hegemon. Die innenpolitischen Angelegenheiten der Staaten bleiben aber nach wie vor unberührt und werden unabhängig gelöst. In diesem Fall bildet der Staat mit der Oberherrschaft eine Art Weltregierung heraus. (vgl. Stahl, 2017: 43)

Der letzte idealtypische Zustand kann als Imperium beschrieben werden. Hierbei setzt sich ein dominanter Staat durch Krieg und Eroberung gegen die anderen Staaten durch und versucht so, die Außen- und Innenpolitik der eroberten Gliedstaaten zu definieren. (vgl. Stahl, 2017: 43) Der Übergang von der Hegemonie zum Imperium kann als fließend bezeichnet werden. Die Durchsetzung der Regelungen in den Teilstaaten des Empires erfolgt dabei durchaus auch mit massiver Gewalt. Als Beispiel kann hier die Niederschlagung des Prager Frühlings von 1968 durch die Sowjetunion mit brachialer Gewalt innerhalb des Warschauer Pakts gesehen werden. (vgl. McDermott, 2018: 9)

Jedoch gilt es zu beachten, dass der jeweilige idealtypische Zustand nur so lange stabil bleibt, so lange die Staaten mit diesem zufrieden sind. Watson betont zudem, dass sich die internationale Staatengemeinschaft in einem ständigen Wandel innerhalb dieses Pendelspektrums befindet. (vgl. Watson, 1992) Daher stellt sich nun die Frage, welcher Wandel findet gerade statt?

2.2 Der aktuelle Wandel innerhalb der internationalen Staatenge- meinschaft

Wie bereits festgestellt wurde, gibt es unter Trump einen außenpolitischen Wandel der USA hin zum Isolationismus. Nun soll festgestellt werden, ob eine Veränderung im Pendelmodell stattfindet und wenn ja, in welcher Art. Zur Beantwortung dieser Frage wird auf die anfangs formulierten Hypothesen H1 und H2 Bezug genommen. Hypothese 1 lautete folgenderma- ßen:

H1: Wird die isolationistische Außenpolitik Donald Trumps fortgesetzt, dann verlieren die USA ihre Stellung als Hegemon im internationalen Staatensystem.

Wie Watson festgestellt hat, standen die USA nach dem Zerfall der Sowjetunion als Hege- mon der internationalen Staatengemeinschaft da. (vgl. Watson, 1992) Damals war das Pen- del eindeutig auf die Mitte unseres Modells austariert. Durch Mitgliedschaft und Engage- ment in der NATO und durch internationale Militäreinsätze weiteten die USA damals ihre Machtstellung als Hegemon aus. Zudem stellten sie ganz klar ein Vorbild für die ehemaligen Sowjetstaaten da. So kam es zum Eintritt von Ungarn, Tschechien und Polen in die NATO im Jahre 1999. (vgl. Meier-Walser, 2018) Zudem konnte die USA durch die NATO ihre Einsätze auch auf Gebiete außerhalb des transatlantischen Bündnisses transferieren. Das tat sie im sogenannten „War on Terror" nach den Anschlägen vom 11. September 2001. Jedoch wendete die USA als Hegemon nicht nur Gewalt an, sondern sie versuchte auch einen Vor- bildcharakter aufzubauen. Dies geht aus einer Rede des ehemaligen Außenministers Colin Powell aus dem Jahre 2004 hervor, in der er folgendes sagt: „Die Nato verwandelt sich von einem Bündnis, dessen Hauptaufgabe die Verteidigung des gemeinsamen Hoheitsgebietes gewesen war, in ein Bündnis, dessen Hauptaufgabe die Verteidigung der gemeinsamen Grundsätze ist." („Gastbeitrag", 2004) All diese Merkmale deuten auf eine bisherige Ober- herrschaft der USA in der internationalen Gemeinschaft hin, da die Staaten nicht nur ihre Außenpolitik an der USA ausrichteten, sondern sie auch als prägendes Vorbild sahen.

Doch dieser Zustand ändert sich nun durch die isolationistische Außenpolitik Trumps. So drohte er in der NATO bereits mit einem Austritt, aufgrund des Streits über das Verteidi- gungsbudget der Mitgliedsstaaten. (vgl. Becker u. a., 2018) Damit kann die USA bei ihren Bündnispartnern in der NATO nicht mehr als zuverlässiger Partner angesehen werden und sie büßt dadurch sehr stark den Vorbildcharakter ein. Das mindert wiederum die politische Gestaltungsmacht der USA innerhalb des transatlantischen Bündnisses, um den Einfluss auf die internationale Gemeinschaft zu erhöhen. Zusätzlich verlieren die USA den Vorbildcharakter für andere Staaten durch den Austritt aus dem Pariser Klimaabkommen, welches den Zweck hatte, die weltweiten CO_2 Emissionen zu reduzieren. Dabei spielt vor allem die USA eine entscheidende Rolle, weil sie nach China die zweithöchste CO_2 Emission aufweist, wobei die Pro-Kopf Emission mehr als zweimal so hoch wie in China ist. (vgl. „CO_2 Ausstoß weltweit nach Ländern", 2016)

Eine zusätzliche Schwächung der ehemaligen Hegemonialstellung der USA in der Weltgemeinschaft wird durch die restriktive Handelspolitik des US Präsidenten herbeigeführt. Durch den Austritt der USA aus dem transpazifischen Handelsabkommen hinterlässt Donald Trump ein massives Machtpolitisches Vakuum im pazifischen Raum. Somit kann die USA sich nicht mehr länger als Führer im Welthandel präsentieren und davon profitieren. Zudem bestimmen die USA nun auch nicht mehr die Außenpolitik des Irans durch die Aufkündigung des Iran Deals, der eine Denuklearisierung des Irans vorsah.

Somit kann letztendlich die Hypothese H1 als bestätigt angenommen werden. Wenn Trump seine isolationistischen Maßnahmen weiterhin fortsetzt, verliert die USA immer stärker ihre bisherige Rolle als Weltpolizist. Wie gezeigt wurde, muss sich das Pendel als logische Konsequenz von der Mitte wegbewegen. Die Folgefrage muss nun lauten: In welche Richtung schlägt das Pendel nun aus?

Um diese Frage zu beantworten, muss Hypothese H2 zur Untersuchung herangezogen werden. Diese besagt folgendes:

H2: Desto schwächer die Rolle der USA als Hegemon wird, desto stärker ringen China und Russland um diese Stellung.

Betrachten wir dazu die momentane Situation Chinas und wie das entstandene Machtvakuum im Pazifik genutzt wird. China nutzt den Rückzug der USA aus der internationalen Politik aus, um selbst zum Hegemon der internationalen Staatengemeinschaft zu werden. Beispielhaft hierfür ist die aggressive Aufschüttung von Inseln im Südchinesischen Meer, um dort Militärstützpunkte zu errichten und um somit die politische Einflusssphäre auf den pazifischen Raum deutlich auszuweiten.(vgl. „Südchinesisches Meer", 2017) Dieses Szenario wird in Abbildung 3 gezeigt.

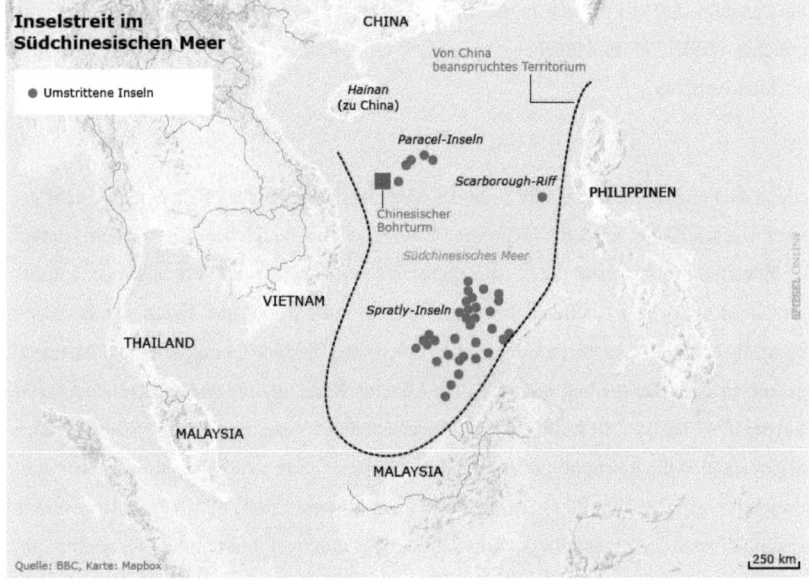

Abbildung 3 Inselaufschüttung Chinas im Pazifik

Quelle: Spiegel Online: 2017

Zudem übernimmt China immer mehr den Vorbildcharakter eines Hegemons als Wegweiser und Führer. So engagiert sich China weiterhin sehr stark im internationalen Handel und investiert massiv, um seinen Handelseinfluss in Afrika und in Europa deutlich auszuweiten. Als Beispiel lässt sich hier die geplante Seidenstraße 2.0 anführen, die bis nach Mitteleuropa reichen soll, um den Handel mit China zu erleichtern. (vgl. 3sat.online, 2018) Damit würde China natürlich ein enormes politisches Machtpotential entfalten, weil Donald Trump den Handel zwischen der EU und den USA erschwert hat. Viele dieser Staaten könnten daher ihre Außenpolitik in Zukunft an China ausrichten, weil Peking als Wegweiser Handelserleichterungen als Anreiz setzt. Hinzu kommt auch noch das massive Wirtschaftswachstum im Reich der Mitte. Dieses beträgt derzeit ca. 6.5% und liegt damit bei mehr als dem doppelten Betrag des realen Bruttoinlandsprodukts der USA. (vgl. „BIP in China - Wirtschaftswachstum bis 2018", 2018) Somit stehen dann auch genügend monetäre Mittel bereit, um eine schlagkräftige Armee aufzubauen. Dadurch hätte China dann die Möglichkeit, bei Bedarf, Gewalt auf einzelne Staaten auszuüben.

Das Pendelmodell würde sich in diesem Fall nach einem kurzen Ausschlag in Richtung Anarchie, wieder hin zur Mitte bewegen und die USA würden dann den Platz des Hegemons an China verlieren.

Jedoch darf auch nicht die andere Seite des Modells der Englischen Schule außer Acht gelassen werden. Somit muss die Hypothese 2 noch auf Russland untersucht werden. Hierbei fiel in letzter Zeit Russland durch eine aggressive Außenpolitik auf. Vor allem der Einsatz von Gewalt und Krieg spielten dabei eine tragende Rolle. Dafür qualifiziert sich Russland bereits als Empire, da es durch Gewalt, die Außen- und die Innenpolitik seiner Gliedstaaten bestimmen will. Beispielhaft hierfür ist die Ukraine Krise und die wiederrechtliche Annexion der Krim im Jahr 2014. Zudem greift Russland durch seine hybride Kriegsführung auch entscheidend in die Innenpolitik der Ukraine ein und versucht sein Imperium aggressiv auszuweiten. (vgl. „Zentrum für Osteuropa- und internationale Studien", 2017) Zudem werden vermutlich auch Cyberangriffe aus Russland heraus durchgeführt, um die Innenpolitik anderer Staaten massiv zu beeinflussen. Dabei werden Regierungsbehörden und internationale Organisationen angegriffen, wie z. B. die Organisation für das Verbot chemischer Waffen in den Niederlanden. (vgl. „Auch Bundesregierung sieht Russland hinter Hackerangriffen", 2018) Zudem hält Russland auch große Militärmanöver in Osteuropa ab, um seine militärische Stärke in Europa zu demonstrieren, wie das bei der Militäroperation „Wostok-2018" der Fall war. (vgl. „Russland kündigt größtes Manöver seit Kaltem Krieg an", 2018) Hier kommt eine starke realistische Komponente hinzu, in der das Empire zeigt, dass es die Gliedstaaten durch seine überlegene Militärmacht dominieren kann.

Zudem hat auch der Bau der Gas-Pipeline „Nord-Stream 2" eine wichtige politisch-strategische Komponente, da Russland dann anschließend den Energiemarkt in Westeuropa sehr stark beeinflussen kann. Moskau kann dadurch seinen politischen Machteinfluss deutlich erweitern. Die USA und das EU-Parlament haben bereits erste Bedenken geäußert. (vgl. „Nord Stream 2 macht Deutschland zum Energiezentrum in Europa", 2018) Auch die Ermordung des ehemaligen russischen Agenten Skripal durch russische Attentäter in Großbritannien verletzt die Souveränitätsrechte eines anderen Staates sehr stark. (vgl. „Drei Tage im März", 2018) In Bezug zur Rolle Russlands im Pendelmodell lässt sich also feststellen, dass sich der Pendel nach rechts im System bewegen würde, hin zu einem neuen Empire. Daher verlieren die USA auch in diesem Szenario die Position des Hegemons. Daher kann zu Hypothese H2 in diesem Falle gesagt werden, dass Russland nicht um die Position als Hegemon mit den USA konkurriert, sondern ein neues Empire erschaffen möchte.

3. China oder Russland?

Wie festgestellt wurde, werden die USA ihre Stellung als Hegemon in der internationalen Staatengemeinschaft einbüßen, wenn Donald Trump seine isolationistische Außenpolitik im bisherigen Ausmaß weiterführt. China wird versuchen, das Pendel zu sich in die Mitte zu ziehen und die Position des Hegemons für sich zu beanspruchen, wie im vorherigen Kapitel gezeigt wurde. Fraglich bleibt in Zukunft jedoch, ob sich China als neuer Führer der „International Society" durchsetzen wird, oder ob doch Russland ein neues Empire von Moskau aus etablieren kann. China konkurriert weniger mit Russland um den Platz in der Mitte des Pendelsystems, sondern versucht sich gegenüber Russland als Hegemon durchzusetzen. Und Russland wird unterdessen versuchen, sich als Empire gegenüber allen anderen Staaten durchzusetzen. Welche der beiden Nationen das Pendel für sich beanspruchen kann, muss sich in den nächsten Jahren erst noch zeigen. Die USA werden es auf jeden Fall nicht mehr für sich als Hegemon beanspruchen können, wenn Donald Trump seinen jetzigen außenpolitischen Kurs beibehält und er Präsident beleibt.

Literaturverzeichnis

3sat.online, C. M. (2018). Seidenstraße 2.0 - Chinas großer Plan. Abgerufen 2. Dezember

2018, von http://www.3sat.de/page/?source=/makro/doku/197976/index.html.

Alleingang der Trump-Regierung: USA erklären Austritt aus Pariser Klimavertrag. (2017,

August 5). *Spiegel Online*. Abgerufen von http://www.spiegel.de/politik/aus-

land/trump-regierung-usa-erklaeren-austritt-aus-pariser-klimavertrag-a-

1161486.html.

Auch Bundesregierung sieht Russland hinter Hackerangriffen. (2018). Abgerufen 3. Dezem-

ber 2018, von https://www.tagesspiegel.de/politik/cyberattacken-auch-bundesregie-

rung-sieht-russland-hinter-hackerangriffen/23152618.html.

Becker, M., Gebauer, M., & Müller, P. (2018, Juli 12). Eklat beim Gipfel in Brüssel: Trump

droht, Nato zu sprengen. *Spiegel Online*. Abgerufen von http://www.spiegel.de/poli-

tik/ausland/donald-trump-droht-nato-zu-sprengen-a-1218058.html.

BIP in China - Wirtschaftswachstum bis 2018. (2018). Abgerufen 2. Dezember 2018, von

https://de.statista.com/statistik/daten/studie/14560/umfrage/wachstum-des-bruttoin-

landsprodukts-in-china/.

Bull, H. (1977). ¬The anarchical society. New York: Columbia Univ. Pr. Abgerufen von

http://infoguide.ub.uni-passau.de/InfoGuideClient.upasis/start.do?Login=i-

gupa&Query=540="0-231-04132-2".

CO2 Ausstoß weltweit nach Ländern. (2018). Abgerufen 1. Dezember 2018, von

https://de.statista.com/statistik/daten/studie/179260/umfrage/die-zehn-groessten-

c02-emittenten-weltweit/.

Drei Tage im März: So reisten die mutmaßlichen Skripal-Attentäter durch England. (2018,

September 6). Abgerufen 3. Dezember 2018, von https://www.stern.de/pano-

rama/stern-crime/skripal-attentat--so-reisten-die-mutmasslichen-spione-durch-eng-

land-8345366.html.

Gastbeitrag: Gemeinsame Grundsätze. (2004). Abgerufen von http://www.faz.net/1.143001

Holtmann, E. (2000). *Politik-Lexikon* (3., völlig überarbeitet und erweitert). Berlin/ Boston: De Gruyter Oldenbourg.

Janson, M. (2018). Infografik: Strafzölle der USA gerechtfertigt? Abgerufen 24. November 2018, von https://de.statista.com/infografik/13195/us--und-eu-einfuhrzoelle-im-vergleich/.

Lemke, C. (2018). *Internationale Beziehungen* (Reprint 2018). Berlin ; Boston: Oldenbourg Wissenschaftsverlag. Abgerufen von http://infoguide.ub.uni-passau.de/InfoGuide-Client.upasis/start.do?Login=igupa&Query=540="978-3-486-79132-7".

McDermott, K. ¬[Herausgeber. (2018). *Eastern Europe in 1968*. Cham: Palgrave Macmillan. Abgerufen von http://infoguide.ub.uni-passau.de/InfoGuideClient.upasis/start.do?Login=igupa&Query=540="978-3-319-77069-7".

Meier-Walser, R. C. (2018). ¬*Die NATO im Funktions- und Bedeutungswandel*. Wiesbaden: Springer VS. Abgerufen von http://infoguide.ub.uni-passau.de/InfoGuideClient.upasis/start.do?Login=igupa&Query=540="978-3-658-20099-2".

Nord Stream 2 macht Deutschland zum Energiezentrum in Europa. (2018). Abgerufen 3. Dezember 2018, von https://deutsche-wirtschafts-nachrichten.de/thema/nord-stream-2/.

Oberster Gerichtshof billigt Trumps Einreiseverbot. (2018). Abgerufen 24. November 2018, von https://www.tagesschau.de/ausland/trump-einreiseverbot-113.html.

Russland kündigt größtes Manöver seit Kaltem Krieg an. (2018). Abgerufen 3. Dezember 2018, von https://www.tagesspiegel.de/politik/militaerische-uebung-russland-kuendigt-groesstes-manoever-seit-kaltem-krieg-an/22966698.html.

Stahl, B. (2017). *Internationale Politik verstehen* (2. erweiterte Auflage). Opladen ; Toronto: Verlag Barbara Budrich. Abgerufen von http://infoguide.ub.uni-passau.de/InfoGuideClient.upasis/start.do?Login=igupa&Query=540="978-3-8385-8725-7".

Südchinesisches Meer: China baut offenbar seine Militärstützpunkte aus. (2017, Dezember

15). *Spiegel Online*. Abgerufen von http://www.spiegel.de/politik/ausland/suedchi-

nesisches-meer-china-baut-offenbar-militaerstuetzpunkte-aus-a-1183437.html.

tagesschau.de. (2018). Trump kündigt Ausstieg aus Iran-Atomabkommen an. Abgerufen 4.

Dezember 2018, von https://www.tagesschau.de/ausland/iran-deal-usa-101.html.

Transpazifisches Handelsabkommen: Freihandel first. (2018). Abgerufen 4. Dezember

2018, von https://www.handelsblatt.com/politik/international/davos2018/transpazi-

fisches-handelsabkommen-freihandel-first/20879638.html.

Umsetzung der politischen Agenda von Donald Trump 2016 | Umfrage. (2016). Abgerufen

24. November 2018, von https://de.statista.com/statistik/daten/studie/638435/um-

frage/einschaetzung-zur-tatsaechlichen-umsetzung-der-politischen-agenda-donald-

trumps/.

US-Grenze zu Mexiko: Trump droht Flüchtlingen mit Gewalt. (2018, November 2). *Spiegel

Online*. Abgerufen von http://www.spiegel.de/politik/ausland/donald-trump-droht-

fluechtlingen-an-us-grenze-zu-mexiko-mit-gewalt-a-1236365.html.

Vogel, H. (2018). Chinas Gegenattacke wird schmutzig. Abgerufen 24. November 2018,

von https://www.n-tv.de/wirtschaft/Chinas-Gegenattacke-wird-schmutzig-ar-

ticle20629519.html

Watson, A. (1992). *The Evolution of International Society: A Comparative Historical Anal-

ysis Reissue with a new introduction by Barry Buzan and Richard Little*. London ;

New York: Routledge.

Zentrum für Osteuropa- und internationale Studien. (2018). Abgerufen 3. Dezember 2018,

von https://www.zois-berlin.de/publikationen/zois-spotlight-2017/zois-spotlight-

12017/.

BEI GRIN MACHT SICH IHR WISSEN BEZAHLT

- Wir veröffentlichen Ihre Hausarbeit, Bachelor- und Masterarbeit

- Ihr eigenes eBook und Buch - weltweit in allen wichtigen Shops

- Verdienen Sie an jedem Verkauf

Jetzt bei www.GRIN.com hochladen und kostenlos publizieren